AF258324

BIOGRAPHIE

DE

M. P. DURAND

DÉPUTÉ

Du département du Rhône

PAR UN ÉLECTEUR

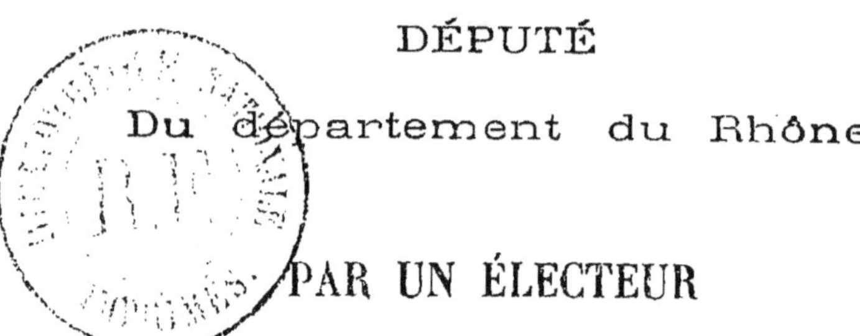

LYON

CHEZ TOUS LES LIBRAIRES

—

1877

SOUS PRESSE :

Biographie de M. ORDINAIRE

Député du Rhône.

EN PRÉPARATION :

Biographie de M. ANDRIEUX

Député du Rhône.

BIOGRAPHIE

M. P. DURAND

Député du département du Rhône.

Un récent procès, dans lequel sa nationalité française était mise en question, a attiré sur M. Durand, député de Lyon, l'attention publique à un degré encore plus élevé que ne l'avaient fait jusqu'à présent son mutisme absolu à la Chambre, rapproché des harangues superbes qu'il prononce si souvent dans les clubs et dans les séances du Conseil général.

Une biographie de cet homme politique important ne saurait donc manquer d'intéresser vivement ses contemporains.

C'est cette biographie que nous allons faire succinctement, sur pièces absolument authentiques.

Ruffieux, berceau de la famille de M. le député Durand, se trouve situé sur la route de Chambéry, à 20 kilomètres nord-est d'Aix-les-Bains, à 4 kilomètres du Rhône et à 5 kilomètres est de Culoz (Ain), point de jonction des chemins de fer de Genève et du mont Cenis. Cette commune forme actuellement un des chefs-lieux de canton du département de la Savoie.

C'est à Ruffieux qu'est né M. Etienne Durand, père du député actuel, le 30 nivôse an IV de la République française. A cette époque, la Savoie appartenait à la France, et Ruffieux était une des communes du département dénommé alors département du Mont-Blanc.

M. Durand (Etienne) était donc né Français. En 1812, il quitta son pays natal et vint s'établir à Ceyzérieu (Ain), de l'autre côté du Rhône, à 10 kilomètres environ de Ruffieux. Il était alors âgé de 16 ans.

Depuis cette époque, M. Durand (Etienne) ne cessa pas d'habiter Ceyzérieu : il s'y maria le 14 septembre 1819 avec la demoiselle Anthelmette Balthazar, et il y est mort le 2 juillet 1857, après y avoir exercé pendant 45 ans la profession de tailleur d'habits.

Mais remontons à l'année 1814.

Après l'abdication de Napoléon Ier et la chute de l'empire, la Savoie fut rendue au roi de Sardaigne, et une loi du 14 octobre 1814 décida que tous les citoyens nés en Savoie pendant que ce pays était réuni à la France auraient le droit d'opter entre la nationalité française et la nationalité sarde.

M. Durand (Etienne), sans cesser cependant de résider à Ceyzérieu (Ain), déclara opter pour la nationalité sarde.

Quel bénéfice M. Etienne Durand, né Français, ayant son domicile et exerçant sa profession en France, pouvait-il bien trouver à la revendication du titre de citoyen sarde pour compenser la perte, dans le lieu de sa résidence, d'une foule d'avantages qui n'appartiennent qu'aux nationaux français ?

Telle fut la question que se posèrent en 1814, à Ceyzérieu et à Ruffieux, les personnes qui connaissaient le cas de M. Durand.

On ne trouva à cette question d'autre réponse vraisemblablement satisfaisante que celle-ci :

En optant pour la nationalité sarde, M. Durand (Etienne), qui avait alors 18 ans, échappait *de droit* au service militaire en France.

En continuant de résider en France, M. Durand (Etienne) échappait *de fait* au service militaire en Savoie.

Est-ce à dire que M. Durand (Etienne) fut réfractaire ou insoumis dans son pays d'option ?... Nous n'avons pas qualité pour résoudre la question. Nous laissons sur ce point la parole à M. le baron Giraud de Montfalcon, actuellement maire de Ruffieux, qui, dans un certificat que nous avons sous les yeux, déclare ce qui suit :

COMMUNE DE RUFFIEUX
CHEF-LIEU DE CANTON
(Savoie.)

Nous, maire de la commune de Ruffieux (Savoie), certifions à qui il appartiendra que le nommé Durand (Etienne), né dans cette commune le 30 nivôse an IV, *ne figure pas dans le rôle de la levée pour service militaire de l'année 1817, non plus que dans celui des années 1818 et suivantes.*

En foi de quoi nous délivrons le présent certificat.

Fait à la mairie de Ruffieux, sous le sceau communal, le 23 avril 1877.

Le maire de Ruffieux,
Baron GIRAUD DE MONTFALCON.

Ce certificat vient ainsi à l'appui des dires des habi-
tants de Ceyzérieu, qui prétendent que de 1817, époque de sa majorité, à 1857, époque de sa mort,
M. Durand (Etienne) ne retourna jamais en Savoie
et ne revit plus le clocher de Ruffieux, sa patrie.

Après cela, il est une chose qu'il est juste de faire
remarquer comme circonstance atténuante :

Ruffieux est séparé de Ceyzérieu par toute la lar-
geur du Rhône, et peut-être bien que M. Durand
(Etienne) ne savait pas nager.

Ceci posé à propos de M. Durand (Etienne), qui ne
fut qu'un simple tailleur d'habits, arrivons maintenant à celui qui a illustré la famille, au député actuel
de Lyon, à M. Pierre Durand.

Nous avons dit que M. Durand (Etienne) avait,
le 14 septembre 1819, contracté mariage à Ceyzérieu.

Le 25 avril 1820, un fils naquit de ce mariage : ce
fut Pierre Durand.

A l'époque où eut lieu cet événement, qui devait
jouer plus tard un si grand rôle dans les destinées
de la France, la sibylle de Cumes étant morte depuis
longtemps, l'horoscope du nouveau-né ne fut pas
tiré, et les annalistes du Bugey, ne pouvant prévoir
sa grandeur future, ne fixèrent pas sur lui une attention toute particulière.

Il en résulte que nous ne trouvons dans les fastes
de Ceyzérieu aucun détail sur l'enfance de Pierre
Durand. Tout ce que l'on sait sur la période de sa vie
qui précéda sa majorité, c'est que son père lui apprit
son métier de tailleur d'habits et que ce futur légis-
lateur français passa son adolescence les jambes
croisées sur une table, les bras et les mains occupés
à coudre des boutons de guêtres et à raccommoder
des fonds de culottes.

Vers l'année 1841, Pierre Durand atteignit sa
majorité.

Fils d'un père sarde, il avait, conformément aux
lois internationales, suivi la condition de son père et
reçu en naissant la nationalité sarde.

Dès lors, résidant en France depuis sa naissance,
avec son père qui y avait établi son domicile depuis
28 ans, il avait à choisir entre deux partis à prendre :

Ou bien il devait faire connaître au gouvernement

sarde son existence, qui l'ignorait, puisqu'il était né à l'étranger.

Ou bien, renonçant à la nationalité sarde, il devait réclamer la qualité de Français en faisant la déclaration prescrite par l'article 9 du Code civil.

Dans le premier cas, il était tenu de satisfaire à la loi militaire en Savoie.

Dans le second cas, il se trouvait inscrit d'office sur les listes de recrutement en France.

Pierre Durand ne fit ni l'une ni l'autre des deux déclarations. Par ce système ingénieux d'abstention, il parvint à ne payer ce qu'on appelle l'*impôt du sang* ni en France ni en Savoie. Il tira tout le parti possible de l'équivoque de sa situation : pour l'autorité française, il fut citoyen sarde ; pour l'autorité sarde, il fut habitant de Ceyzérieu, département de l'Ain (France).

Pierre Durand a donc été réfractaire à la loi militaire sarde, comme l'aurait été son père, Étienne Durand. Être réfractaire, cela paraît être une tradition dans la famille Durand.

Mais laissons cela pour le moment, sauf à y revenir tout à l'heure, et suivons M. Pierre Durand dans le cours de ses exploits.

Quand il eût été proclamé un virtuose parmi les Dusautoy du Bugey, Pierre Durand quitta Ceyzérieu et vint exercer *ses talents* à Lyon.

En 1845, une jeune fleuriste de la rue Lanterne s'éprit de l'art souverain avec lequel il rabattait une couture et de la grâce ineffable qu'il mettait dans l'ajustement d'une paire de dessous-de-pieds. Quelque temps après, le 15 novembre de la même année, « à une heure de relevée », s'accomplissait une cérémonie que les registres de l'État civil de la ville de Lyon racontent dans les termes suivants :

Pardevant nous, Maire de Lyon, ont comparu le sieur Pierre Durand, né à Ceyzérieu (Ain), le 25 avril 1820, tailleur, demeurant à Lyon, rue Neuve, 30, fils majeur d'Étienne Durand, tailleur, demeurant audit Ceyzérieu, et de Anthelmette Balthazar, du consentement desquels il procède ;

Et demoiselle Pierrette-Françoise Larchez, née à Lyon, le 3 décembre 1822, fleuriste, demeurant à Lyon, rue Lanterne, 5, fille majeure de Jean-Pierre Larchez, matelassier, et de Jeanne-Charlotte Viody, auxquels trois actes respectueux ont été faits par le ministère de M᷎ Ducruet, notaire.

. . . .

Faisant droit à la réquisition des comparants, nous leur avons demandé s'ils voulaient se prendre pour époux. D'après leurs réponses séparées et affirmatives, nous avons prononcé au nom de la loi que lesdits sieurs Pierre Durand et Pierrette-Françoise Larchez sont unis par le mariage.

La révolution de 1848 arriva. Cela ne regardait pas Pierre Durand. Étranger à la France, il n'était qu'un voyageur assis à son foyer, y recevant une hospitalité bénévole, et, par suite, il ne pouvait être que malvenu à s'immiscer dans les affaires particulières de ses hôtes.

Pierre Durand, comme plus tard le Polonais Dombrowski, le Russe Bakounine, le Prussien Leo Franckel, ne crut pas moins devoir se mêler en France, non aux prises d'armes — il était bien trop.... civil pour cela, — mais aux intrigues socialistes de l'époque.

Il fut membre, notamment, d'une ou de plusieurs des sociétés secrètes de Lyon.

Il se plaça ainsi dans le champ d'opérations du formidable coup de balai de 1851 et fut transporté en Algérie.

Combien de temps resta-t-il parmi les déportés de Lambessa?... Nous ne pouvons préciser cela exactement. Il était, dans tous les cas, absent de Lyon en 1853, ainsi qu'il résulte d'une pièce officielle que nous avons entre les mains et dont voici la teneur :

Extrait des registres des actes de naissance de la ville de Lyon (Rhône).

Le 8 mars 1853, à 9 heures du matin, pardevant nous, maire du 2e arrondissement de Lyon, a comparu le sieur V.... (Louis), âgé de 59 ans, menuisier à Lyon, lequel a déclaré qu'hier, à 10 heures du matin, Pierrette-Françoise Larchez, épouse de Pierre Durand, tailleur d'habits, à Lyon, rue Gentil, 13, *en ce moment absent*, est accouchée dans le domicile conjugal d'un enfant du sexe masculin qui nous a été présenté et auquel... etc.

En 1856, nous retrouvons Pierre Durand à Lyon. Mais il n'est plus tailleur d'habits. Il est étudiant en médecine : même il obtient, à la date du 13 septembre, un diplôme d'officier de santé. Cet événement, dont l'importance capitale au triple point de vue médical, scientifique et humanitaire ne pouvait échapper à personne, est mentionné dans le *Recueil des actes administratifs du département du Rhône*, année 1876, n° 26.

Comment M. Pierre Durand, déporté en Afrique

après le coup d'État, se trouve-t-il à Lyon en 1856, peut-il s'y montrer en plein soleil, *coram populo*, trois années avant la première amnistie octroyée aux condamnés politiques de 1851 ? — Il n'y a à cette question qu'une réponse plausible : c'est qu'il aurait été l'objet d'une mesure particulière de clémence.

Mais alors, ces mesures n'étant prises qu'en faveur de ceux qui les demandaient, qui faisaient, comme l'on dit, leur soumission, Pierre Durand, le superbe Pierre Durand, se serait donc traîné, le front dans la poussière, jusqu'aux pieds du tyran ; Pierre Durand, le farouche Pierre Durand, aurait donc embrassé les genoux du « Bandit couronné ; » Pierre Durand, le vieux lutteur de la démocratie, aurait donc demandé sa grâce à l'Empereur ?

Grave point d'interrogation ! Terrible problème !

N'approfondissons pas, et gardons le plus longtemps possible nos chères illusions.

A la suite de l'attentat du 14 janvier 1858 (affaire Orsini) sur la personne de l'Empereur, une nouvelle application fut faite de la loi de sûreté générale : on arrêta, par toute la France, un certain nombre de suspects et de membres des sociétés secrètes.

Pierre Durand fut de nouveau arrêté, dans la nuit du 23 au 24 février 1858, et transporté en Afrique.

Demanda-t-il et obtint-il de nouveau sa grâce sous la condition expresse de fixer sa résidence hors de France ?... ou, ce qui me paraît plus vraisemblable de la part d'une nature vaillante et brave comme la sienne, parvint-il à s'échapper d'Afrique ? — Toujours est-il que quelques mois après nous le retrouvons à Vions, petite commune de la Savoie, située au bord du Rhône, rive gauche, en face du village français de Culoz, qui occupe la rive droite de ce fleuve.

Durand vit là en réfugié politique, en victime de la « tyrannie napoléonienne ». Pour passer le temps, il se remue beaucoup, se donne de l'importance, se fait appeler « Monsieur le Docteur (!!!) » ; Durand, pose en philosophe humanitaire et en Vincent de Paul libre et laïque.

Il est un fait notamment que Pierre Durand, encore aujourd'hui, signale à tout propos à l'admiration de ses contemporains et à celle des races futures comme le produit de ce qu'il appelle son « inaltérable dévouement » aux intérêts des enfants du peuple......

Nous voulons parler de son rôle dans les secours portés aux victimes de l'accident de Culoz en 1859.

On se souvient peut-être que, pendant la guerre d'Italie, un train de chemin de fer qui portait des soldats français ayant déraillé au passage du Rhône, à Culoz, plusieurs de ces militaires furent tués, et il y eut un certain nombre de blessés.

Aussitôt les Savoisiens de la rive gauche accoururent et se multiplièrent pour secourir ces infortunés, dont les survivants furent hébergés jusqu'à guérison complète dans les fermes et les maisons voisines, sans que pour cela leurs hôtes crussent avoir mérité le prix Monthyon ou l'ordre de la Jarretière.

Pierre Durand — il faut lui rendre cette justice — fit comme tout le monde et recueillit chez lui deux soldats blessés. Fort bien! Seulement, dès le lendemain, il s'empressa de prévenir le gouverneur de Chambéry de l'action d'éclat dont il venait d'enrichir les fastes de l'héroïsme et de la philanthropie.

Il n'y avait pas pourtant de quoi faire sonner tout cela si haut, car Pierre Durand, l'homme à l' « inaltérable dévouement », l'ami du peuple, eut soin, quelques jours après, de réclamer le prix de sa charité.

C'est ce que constate la lettre suivante :

<table>
<tr><td>Ministère de la guerre
1re Division.</td><td>Paris, le 9 août 1859.</td></tr>
</table>

Le maréchal de France ministre-secrétaire d'État de la guerre fait connaître au sieur Durand, en réponse à sa lettre du 3 courant par laquelle il réclame le paiement des frais de nourriture de deux militaires victimes de l'accident arrivé à Culoz, que c'est à l'administration des chemins de fer qu'il doit s'adresser, attendu que c'est à elle à supporter toutes les conséquences de cet accident.

Pour le ministre, le GÉNÉRAL-DIRECTEUR, ***

A M. P. Durand, à Mollard-de-Vions (Savoie).

Il y a lieu de croire, d'ailleurs, que Pierre Durand entretenait à ce moment une correspondance très-suivie avec le maréchal ministre de la guerre en France. Si nous ne connaissions l'austérité républicaine, la fière indépendance et l'élévation d'âme du député de Lyon, nous en arriverions à croire, vraiment, qu'au mois de juillet 1859 il se serait abaissé jusqu'à solliciter de « l'odieux gouvernement impérial » une faveur quelconque, le droit, par exemple, de revenir habiter Lyon.

Une lettre un peu énigmatique, mais qui recèle dans ses flancs officiels motifs à de graves soupçons, a été, en effet, écrite en 1859, à M. le sénateur préfet du Rhône, par M. le ministre de l'intérieur.

Voici la teneur de cette lettre :

MINISTÈRE DE L'INTÉRIEUR   Paris, le 9 octobre 1859.
    Division de la
  sûreté publique.

    Monsieur le Sénateur,

Il résulte des investigations prescrites à l'égard du nommé Durand (Pierre), qui a fait en dernier lieu l'objet de ma dépêche du 30 juillet dernier, que cet individu a fait connaître sa nationalité sarde en prouvant que son père était originaire de Ruffieux en Savoie, qu'il réside dans la commune de Vions (province de Chambéry), y mène une vie tranquille, sans s'occuper de politique, et n'a avec la France que des rapports motivés par ses affaires de famille, sa mère résidant à Ceyzérieu.

J'ai cru utile de porter ces indications à votre connaissance.

Agréez, etc....

       Pour le ministre, LE CHEF DE DIVISION   ***

A M. le Sénateur chargé de l'administration du département du Rhône.

L'original de cette lettre, qui faisait partie des archives de la préfecture, est aujourd'hui entre les mains de M. Durand lui-même, et le député du Rhône l'a produit récemment en justice.

Comment cela peut-il se faire ? M. Durand se serait-il emparé de cette pièce et de tout son dossier lors du pillage du 4 Septembre ?... C'est là une supposition absolument inadmissible, car, s'il en était ainsi, avec une autorité vigilante comme celle que nous avons depuis que nous sommes en République, « règne de la loi, » M. Durand aurait déjà été poursuivi en vertu de l'article 255 du Code pénal, lequel ne plaisante pas.

Nous aimons mieux croire que ladite pièce a été communiquée, récemment, à M. Durand par l'autorité préfectorale du Rhône, qui ne pouvait rien avoir à refuser à un député républicain.

En ce cas nous demandons qu'elle soit, si cela n'est déjà fait, réintégrée aux archives de la police politique de Lyon.

Le 16 août 1859 une amnistie sans restriction ni réserve fut accordée par le gouvernement impérial à tous les condamnés politiques.

Victor Hugo repoussa cette large mesure de clémence par ces fières paroles :

« Je ne rentrerai en France que quand la liberté y
« rentrera. »

Puis, dans un de ses sublimes accès d'indignation
lyrique, il répéta son superbe vers des *Châtiments :*

Et s'il n'en reste qu'un, je serai celui-là.

M. Pierre Durand, l'ennemi éternel de tous les
tyrans, y mit moins de façons que Victor Hugo. La
nouvelle de l'amnistie lui arriva à Vions dans la
soirée du 16 août. Il prit aussitôt la route de la
France, et le 17 août, à une heure du matin, on
l'entendit, à Ceyzérieu, frapper à la porte de M. Claude
Blanc, son cousin germain par alliance, et lui de-
mander l'hospitalité.

Il y a toujours, dans la vie des grands hommes,
de ces lacunes désespérantes pendant lesquelles ils
échappent à l'œil de l'historien le plus minutieux.
Ainsi en est-il du divin Homère, dont on n'a jamais
pu connaître exactement le lieu de naissance. Ainsi
en est-il de Pierre Durand : à partir du 17 août 1859,
nous le perdons de vue.

Où alla-t-il en quittant la maison de son cousin
Claude Blanc, de Ceyzérieu ? — Voilà la lacune....

Ce qui est certain, c'est qu'il ne reparut plus à
Vions et n'y est jamais retourné depuis.

. . . .

Ah ! enfin le voilà retrouvé.

Il occupe un appartement cours Lafayette, 34, dans
une jolie maison à peine achevée, dont il sèche les
plâtres (nous sommes aux premiers jours de l'année
1860). Il continue à se donner du « Docteur (!)
Durand » gros comme le bras. Néanmoins, il n'y a
pas de queue à sa porte d'allée, on ne se pend pas à
sa sonnette, et c'est de loin en loin seulement que,
comme certains des héros de Molière, lequel Molière
avait, ainsi que lui, commencé par être tailleur
d'habits, ce n'est que de loin en loin, disons-nous,
qu'un malade aux abois lui confie l'honneur de le
saignare, purgare et de *clysteria* lui *donare.*

Aussi ne fait-il pas de brillantes affaires, et les
mandataires du tyran à Lyon semblent l'avoir presque
toujours classé dans le nombre des petits imposés dont
on acquittait les cotes mobilières et personnelles à
l'aide d'un prélèvement sur les recettes de l'octroi.

Le 12 juin 1860 le gouvernement promulgue le Sénatus-Consulte annexant la Savoie à la France. En vertu de ce Sénatus-Consulte « tous les sujets « sardes originaires de la Savoie sont annexés à la « France. »

M. Pierre Durand prétend avoir été compris parmi les *originaires* de la Savoie et avoir été, ce jour-là, annexé avec tous les autres Savoisiens. Nous voulons bien ne pas le contester, et nous arrivons dès lors au décret d'amnistie du 14 août 1860.

Ce décret est ainsi conçu :

ARTICLE 1er. — Amnistie est accordée aux insoumis et aux déserteurs originaires de la Savoie.

ART. 2. — L'amnistie est entière, absolue et sans condition de servir pour les insoumis ou déserteurs, savoir :

1o Pour les insoumis appartenant à une des levées jusqu'en 1855.

. . . .

3o Pour les déserteurs et insoumis actuellement mariés, ou veufs ayant des enfants, ou âgés, à la date du présent décret, de plus de 36 ans.

M. Durand, qui n'avait jamais satisfait nulle part à la loi de recrutement, était un insoumis de la Savoie, et il se trouvait compris dans les catégories ci-dessus.

Jusque-là tout est bien.

Seulement l'article 4 du décret d'amnistie est ainsi conçu :

ARTICLE 4. — L'application de l'amnistie sera faite par les autorités auxquelles le ministre de la guerre a adressé des instructions à cet effet.

Les déserteurs et les insoumis DEVRONT se présenter devant l'une d'elles, pour formuler leur déclaration de repentir, avant le 1er janvier 1861 pour ceux qui sont en Europe ou en Algérie et avant le 1er janvier 1862 pour ceux qui sont hors de ces pays.

A l'expiration de ces délais, le ministre de la guerre donnera des instructions à l'effet de poursuivre les déserteurs ou insoumis qui ne se seront pas présentés pour réclamer le bénéfice de la présente amnistie.

Ainsi c'était simple et peu coûteux.

Il suffisait, pour être amnistié, de se présenter et de faire une déclaration *de repentir*.

M. Pierre Durand, dont la franchise répugnait à déclarer un repentir qu'il n'éprouvait pas.., au contraire, M. Pierre Durand ne fit jamais la déclaration exigée par le paragraphe 2 de l'article 4. Il n'a donc pas été amnistié comme *insoumis*, et il demeure un *insoumis*.

Il eût dû pour cela être poursuivi sous l'empire. Bien d'autres le furent.

Quant à lui, il ne le fut pas.

Le gouvernement du tyran, il est juste d'en convenir, fût assez doux pour le fier républicain Pierre Durand.

Pierre Durand ne lui rendit pas la pareille :

Le 4 septembre 1870 au matin, on apprit à Lyon le désastre de Sedan.

Aussitôt quelques républicains se portèrent sur l'Hôtel-de-Ville. Pierre Durand était parmi eux. Ce fut lui qui, le premier, proclama la déchéance de l'empire du haut du balcon du palais municipal, et, ce jour-là, il poussa si fort et si longtemps le cri de *Vive la République!* que, de son propre aveu, il y gagna une extinction de voix. Ce fut lui également qui, le premier, mit la main sur le préfet Sencier et le traîna vers les fenêtres de la salle Henri IV. Il s'en est vanté en plein Conseil de guerre.

Durand fit ensuite partie du Comité de salut public, puis du Conseil municipal élu de Lyon, et dans les comptes-rendus de ces deux corps délibérants on le trouve faisant une foule de motions caractéristiques.

Suivons son rôle dans les discussions en reproduisant quelques passages de ces comptes-rendus.

COMITÉ DE SALUT PUBLIC.

Séance du 5 septembre 1870.

Citoyens gardes nationaux,

. . . .

Unissons nos efforts !

Que la révolution chasse l'étranger et que la victoire féconde la liberté européenne !

Les membres du Comité provisoire de salut public,

Barodet, Louis Andrieux, Langlade, Favier, F. Varambon, **DURAND**.

Séance du 10 septembre 1870.

. . . .

Le citoyen Durand fait la proposition suivante :

CONSIDÉRANT QUE CHAQUE CITOYEN DOIT A LA PATRIE SON CONCOURS EFFECTIF ET QUE CE N'EST QU'EN FAUSSANT LE PRINCIPE DE L'ÉGALITÉ QUE CERTAINES CLASSES DE FRANÇAIS JOUISSENT DU DROIT DE CITOYEN SANS EN SUPPORTER LES CHARGES (!!!!)

Le Comité de salut public ordonne que tout religieux valide soit immédiatement incorporé dans l'armée, conformément aux lois qui l'appellent selon son âge.

Séance du 13 septembre 1870.

Proclamation à la population lyonnaise.

Citoyens,

. . . .

La défense nationale s'organise. — Les négations et les refus de l'ancien pouvoir, *traître à la patrie, sont démentis et domptés.*

Nous ne pouvons douter que *le souffle patriotique* qui anime le peuple, qui *anima le Comité de salut public,* n'anime de même les nouveaux élus. Qu'ils se souviennent *que la population lyonnaise a jeté son défi aux hordes insolentes du Nord ;* que les ennemis prendraient-ils Paris, qu'ils ne prendront pas, n'auraient pas par ce seul fait pris la France, se heurtant à la province armée et *énergique,* et que l'ancien drapeau national vaincu, ils verraient encore debout *le drapeau de la Commune et de la fédération.*

. . . .

La société était en danger comme la patrie. *Sauvons la patrie,* mais sauvons aussi la société.

Luttons contre la sanglante barbarie armée et contre une prétendue civilisation sans justice.

Citoyens,

Deux lois survivent : *le dévouement à la patrie* et le suffrage universel.

Au combat et au vote! Et que l'un et l'autre affirment la France et *la révolution.*

Vive la République!

Les membres du Comité de salut public,
BARODET, Louis ANDRIEUX, FAVIER, LANGLADE,
F. VARAMBON, **DURAND**.

CONSEIL MUNICIPAL.

Séance du 19 septembre 1870.

Le citoyen Durand fait une demande pour qu'il se constitue dans la garde nationale une garde spéciale qui sera armée de chassepots et *qui sera chargée de marcher en avant.*

Séance du 25 septembre 1870

Le citoyen Durand donne lecture de son projet, qui consiste à *organiser un corps d'armée de 30,000 hommes* équipés et soldés par la ville de Lyon.

Séance du 15 décembre 1870.

LA COMMUNE DE LYON *aux membres du gouvernement de la défense nationale.*

Citoyens ministres;

. . . .

Le salut de la France *exige le concours de tous ses enfants.* . . . .
Dans le midi de la France, rien n'a été fait : les hommes de 25 à 35 d'abord, puis de 20 à 40, ont bien été appelés, mais combien *se promènent encore, la tête haute, insultant par leur présence aux vrais patriotes!*
Ailleurs les maires consacrent A CACHER LES RÉFRACTAIRES l'activité qu'ils devraient déployer au service de la République.

Moins de décrets, moins de proclamations. De l'audace et de l'action ! Montrez à vos fonctionnaires et aux communes l'admirable exemple de Paris étonnant ses ennemis par son indomptable énergie, *improvisant des moyens de défense, créant des soldats, forgeant des armes et tout un matériel de guerre.*

Malgré les trahisons qui l'ont, dès sa naissance, enlacée de toute part, la République est assez forte pour terrasser ses ennemis du dehors et du dedans, *et, lorsqu'un pays a fait le serment de vaincre ou de mourir, il ne compte pas plus ses défaites que le nombre de ses ennemis.*

Pour le Conseil municipal :
La Commission : **DURAND**, Bouffier, Gailleton.

On voit par ces simples extraits quelle admirable compétence avait Pierre Durand dans les matières militaires, dans les questions d'*enrôlements forcés* et de répression énergique des « lâches » *qui se faisaient tirer l'oreille pour servir leur patrie.*

On y voit, de plus, quel souffle puissant de patriotisme et de courage animait cette grande âme !

Il y avait en Pierre Durand tout à la fois l'étoffe d'un Duguesclin, d'un Bayard, d'un chevalier d'Assas, d'un La Tour d'Auvergne, d'un Turenne, d'un Condé, d'un Carnot, nous dirions même d'un Bonaparte si nous ne craignions d'exciter les justes susceptibilités de l'illustre député du Rhône.

Pour tout dire, en un mot, il était du bois dont on fait les braves soldats et les grands généraux.

Quel dommage, oh ! mon Dieu ! qu'il ait été réfractaire en France et en Savoie !!... Les ennemis de ces deux pays en auraient vu de belles !

Des mérites aussi nombreux méritaient leur récompense :

Pierre Durand fut nommé d'abord conseiller général du Rhône, puis, en février 1876, député de l'arrondissement le plus aristocratique de Lyon, celui qui comprend le quartier de Bellecour.

A la Chambre il siége à l'extrême gauche.

Il a déjà prononcé dans l'enceinte législative jusqu'à trois discours depuis le 9 janvier 1876.

Au risque d'allonger cette petite œuvre, nous allons les reproduire *in extenso* d'après le *Journal officiel.*

Voici le premier de ces discours :

« La clôture ! »

Voici le second :

« Assez ! »

Voici le troisième :

« Ah ! »

Comme on peut le voir, M. Pierre Durand, en ces trois circonstances solennelles, a su faire preuve d'une rare et mâle éloquence, d'un tact parfait et surtout d'une connaissance approfondie de son sujet.

Mais tout cela n'est rien encore, comparé aux brillantes harangues qu'il prononce, soit dans les clubs, soit au Conseil général du Rhône, dont il est incontestablement l'orateur le plus autorisé et le plus écouté.

Avec le cadre restreint que nous nous sommes tracé pour cette biographie, nous ne pouvons faire repasser tous ces chefs-d'œuvre sous les yeux de nos lecteurs, qui, du reste, les ont applaudis déjà dans le temps..

Nous nous bornerons à en reproduire deux :

D'abord la réponse qu'il fit, dans la réunion tenue, rue Sainte-Élisabeth, 108, le 29 octobre 1876, à la question suivante : « *Service militaire unifié obligatoire,*» sur laquelle chacun des orateurs était invité à se prononcer.

Voici cette réponse :

Tous les citoyens étant égaux devant la loi, tous les Français *sans exception*, devraient sans conscription, FAIRE SOUS LES DRAPEAUX LE TEMPS NÉCESSAIRE A LEUR INSTRUCTION MILITAIRE.

Voici maintenant quelques passages du grand discours prononcé, le 15 octobre 1876, au banquet de Saint-Genis-les-Ollières.

. . . . , ...

« Les factions monarchiques, mues par la haine et l'ambition, trament et complotent ostensiblement la perte de la République.

« Et qui voyons-nous *à la tête de cette criminelle coalition ? Le Prêtre !*...

« Le prêtre qui, au nom des saintes décrétales et de l'infaillibilité papale, lance, du haut de la tribune sacrée, *ses anathèmes à la France et à ses institutions !*...

« Le prêtre qui, toujours pérégrinant d'une station dévote à l'autre, entraîne partout à sa suite un troupeau d'ouailles *abêties et fanatisées par ses prédications !*...

« Le prêtre devant qui toutes les portes sont ouvertes ou qui sait bien se les faire ouvrir ; que l'on voit partout ; qui *s'insinue dans toutes les fissures, qui parcourt les maisons de la cave au grenier, du salon à l'alcôve; ici, en se glissant silencieusement dans l'ombre; là, en levant arrogamment la tête d'un air provocateur; à qui les* somptueux palais et l'humble chaumière sont également accessibles, *et qui hait la liberté autant au moins qu'il aime Dieu!...* »

« Le prêtre, qui s'empare des consciences, *enrégimente les femmes depuis les maritornes jusqu'aux grandes dames, sans que toujours son excessive charité lui permette de distinguer et d'exclure les vieilles paillardes en retraite, et, à meilleure raison, les jeunes paillardines pseudo-repentantes!...* »

C'est là de l'éloquence du bon coin. Il y a surtout l'allusion aux « *vieilles paillardes en retraite et aux jeunes paillardines pseudo-repentantes,* » dans laquelle on sent le souffle de distinction et de bon goût qui anima autrefois Marcus Tullius dans ses vigoureux réquisitoires contre Verrès et contre Catilina.

Et, qu'on veuille bien le remarquer, M. Pierre Durand n'est pas seulement ce qu'on pourrait appeler le Cicéron français : il est encore le Sévigné mâle du XIXe siècle.

Qu'on en juge.

Voici en quels termes faciles, corrects, pittoresques et brillants il formulait, le 17 novembre 1870, sa lettre de démission en sa qualité d'adjoint au maire de Lyon :

Monsieur le Maire,

Aussi absolument inhabile aux transactions qu'incapable d'attendre indéfiniment la solution du conflit provoqué par la préfecture au sujet d'agents institués par nous et révoqués par elle, d'une part ; que bien décidé à ne pas prêter l'appui passif de ma présence à la réinstallation d'une agence policière extra-urbaine, défiant la Municipalité, qu'elle ravale en l'annihilant, d'autre part ; je viens pour ces motifs, Monsieur le Maire, vous prier de transmettre au Conseil ma démission d'adjoint.

Agréez, Monsieur le Maire, mes plus respectueuses salutations,

P. DURAND.

Et encore ce n'est là que du Durand au courant de la plume, du Durand négligé.

Voici maintenant du Durand de derrière les fagots, du Durand de la Comète :

Ne sachant pas exactement qui m'écrit, et la façon presque insolite d'un sans-gêne quasi intime me causent de la répugnance, qui que vous soyez, ne vous affligez de mon hésitation à me déterminer.

J'ai bien dans la pensée comme un vague souvenir de qui vous pouvez être, mais cela ne saurait suffire à me faire *exécuter une sollicitation* qui a tout le caractère d'un ordre, si je tiens compte de sa forme.

Agréez, etc.   P. DURAND.

(Extrait d'une lettre qu'il écrivait en réponse à la réclamation d'un de ses administrés lorsqu'il était adjoint.

Prince de la science médicale, stratégiste, héros, orateur, écrivain: ce sont là des titres qui suffiraient, et au-delà, à la gloire éternelle d'un mortel, et il en est que de nos jours on proclame demi-dieux à bien meilleur marché.

Et pourtant ce n'est pas là tout. Cette riche organisation qu'a vu naître Ceyzérieu a su étreindre encore dans son vaste cerveau une autre branche des connaissances humaines : l'art. Pierre Durand sait mêler l'agréable à l'utile, *miscere utile dulci* : il est musicien.

C'est un livre à couverture rouge qui nous a mis sur la trace de ce fait historique qui fait notre admiration et fera l'étonnement de nos petits-neveux.

Ce livre est intitulé STATISTIQUE POUR SERVIR A L'HISTOIRE DU 2 DÉCEMBRE 1851. — *Paris et les départements,* — par Adolphe Robert.

On lit aux pages 192, 193, 194 de cet ouvrage :

RHONE
LISTE APPROXIMATIVE DES VICTIMES.

Morts à Cayenne.

. . . .
. . . .
. . . .

Déportés à Cayenne.

. . . .
. . . .
. . . .

Afrique. — Exil. — Internement. — Prison.

. . . .
. . . .
. . . .

DURAND (PIERRE), maître de musique.

A peine venions-nous de parcourir cette liste que le *Petit Lyonnais* nous arriva et que nous jetâmes les yeux sur son compte-rendu de l'interpellation, au Conseil général, à propos de la question des théâtres et de l'administration du directeur Senterre.

Or, dans ce compte-rendu, se trouvent les passages suivants :

M. Durand. — Depuis que j'ai entendu, l'année dernière, la troupe de M. Senterre, je ne vais plus au théâtre.

Je suis très-difficile en fait de théâtre. Aussi, n'ai-je pas essayé d'y aller cette année, connaissant les antécédents de ce directeur.

Les oreilles de la population lyonnaise sont sensibles, et elle ne veut plus d'un directeur qui les lui a écorchées une année durant.

M. Plasson. — Je suis allé, hier soir, à la représentation de la *Juive*. Je voulais entendre chanter les artistes et je n'ai entendu que le cantique *Esprit-Saint, descendez en nous !*

M. Durand. — *Le public est bien heureux de ne pouvoir entendre les artistes.* Avec sa troupe de l'année dernière, M. Senterre m'a guéri de la monomanie du théâtre.

Plus de doute ! nous dîmes-nous. Cette sensitive en matière musicale, c'est lui !

Mais le grand artiste doit avoir fait des élèves !... Où sont-ils !... Est-ce que Sarasate, Marsick, Saint-Saëns, le jeune Dengremont, Rubinstein ?...

Bref, nous avons cherché, et nous transmettons tel quel le résultat de nos recherches à nos contemporains et aux générations futures :

Avant 1851, M. Durand (Pierre), aujourd'hui député, était tailleur d'habits pendant la semaine, et, le dimanche, *violoneux* de vogue, virtuose de fêtes baladoires.

Laissons aux statisticiens de l'avenir le soin de calculer le nombre de jambes qui, sous l'impulsion vigoureuse et mélodieuse de son archet, s'élevèrent jadis, en cadence, de 80 centimètres au-dessus du niveau du plancher des bêtes à cornes. Ce qui, en tout cas, est dès aujourd'hui un fait acquis, c'est que ces jambes furent nombreuses, car Pierre Durand joua pendant plusieurs années les Antony Lamothe, les Arban, les Johann Strauss dans tous les Frascati et les Alcazar de Saint-Symphorien-d'Ozon, de Brindas, de Marcy-les-Ails et de Pouilly-les-Oignons.

Plus rien d'étonnant, dès lors, qu'il soit *très-difficile en fait de théâtre.* Il n'est rien qui vous forme une oreille musicale comme le commerce assidu des rigodons dauphinois et des bourrées auvergnates.

Et dire que tant de talents, tant de titres aux suffrages de ses concitoyens n'ont pas suffi, il y a quelques mois, à désarmer la haine aveugle de quelques affreux réactionnaires !

Contons brièvement cette aventure :

Au mois de décembre 1876 parut à Lyon une brochure ayant pour titre la *Vérité sur les origines de M. Durand, député du Rhône,* par l'abbé Arnaud, curé de Ceyzérieu.

Cette brochure, écrite par le curé de la paroisse natale de M. Durand, accusait carrément ce dernier de n'avoir jamais tiré au sort ni en France ni en Savoie ; de ne pas être Français ; de ne pas être non plus citoyen sarde, comme l'était son père ; de n'être de nulle part ni d'ailleurs ; en un mot, d'être ce que l'on pourrait appeler de trois lieues de partout.

Le 10 décembre 1876, l'éditeur de ladite brochure en adressa un exemplaire à chacun des collègues de M. Durand à la Chambre des députés, à Versailles.

Dix-huit jours après, M. Clavel, secrétaire général de la questure, répondit à l'éditeur que les questeurs de la Chambre, après avoir pris connaissance de l'opuscule de l'abbé Arnaud, n'en avaient pas autorisé la distribution.

Alors ledit éditeur en adressa un exemplaire individuellement à chaque député à son domicile particulier.

En même temps, les journaux réactionnaires s'emparèrent de la question. Plusieurs de ces feuilles firent remarquer qu'on avait banni de la Chambre des députés M. le prince de Lucinge sous le prétexte qu'ayant fait, pendant trois années, un service d'amateur, de touriste en quelque sorte, dans les armées autrichiennes il avait perdu sa qualité de Français ; qu'on devait, en conséquence et à plus forte raison, expulser du sein de l'Assemblée un élu qui, lui, n'avait jamais fait de service militaire nulle part, pas même dans la flotte suisse, et n'avait jamais eu à perdre la qualité de Français qu'il n'avait jamais ni possédée ni acquise.

Le *Figaro*, pour qui rien n'est sacré, fut au nombre des détracteurs de l'honorable député du Rhône. Dans son numéro du 9 février 1877, notamment, il publia sur le *Cas de M. Durand* un article d'où nous extrayons ce qui suit :

La question aurait déjà été posée à M. Durand au moment des élections ; on lui aurait fait observer qu'il n'avait jamais satisfait aux lois militaires ni en France ni en Piémont. Il aurait répondu qu'il était exempt de droit *comme fils aîné de veuve*. Et on n'insista pas.

Or, le député Durand n'a pu être fils de veuve en 1841 ou en 1842, c'est-à-dire alors qu'il devait tirer au sort, attendu que M. Durand père était à cette époque parfaitement vivant et qu'il n'est mort que longtemps après (le 2 juillet 1857).

La brochure de l'abbé Arnaud produisit donc une très-vive sensation.

Elle fut très-commentée, surtout dans le parti démocratique de Lyon : les uns disaient que c'était une « infâme calomnie ; » les autres, tout en reconnaissant qu'il pouvait y avoir dans cette brochure quelque chose de vrai, prétendaient qu'en tout cas il y avait beaucoup d'exagération. Mais tout le parti était d'accord sur ce point : que M. Durand devait répondre à cette brochure *par une lettre vigoureuse* qui serait insérée le même jour dans les trois journaux de Lyon le *Petit Lyonnais*, le *Censeur* et le *Progrès*.

Venu à Lyon pour s'expliquer avec le Comité central qui avait patronné sa candidature, M. Durand fut d'un avis absolument contraire : il dit qu'il valait mieux ne pas parler de cette brochure, qu'elle serait oubliée dans quelques jours et qu'il était inutile de donner du retentissement à une affaire qui, en résumé, ne reposait sur rien et n'était qu'une vengeance personnelle exercée contre lui par un curé.

M. Durand fit prévaloir son avis : il fut décidé que les journaux démocratiques ne diraient rien de la brochure de l'abbé Arnaud et qu'une lettre justificative ne serait pas publiée.

La consigne fut fidèlement exécutée par les trois journaux démocratiques, qui restèrent muets sur cette affaire.

Tout marchait donc selon le juste et équitable désir de M. Durand, et déjà l'on considérait la chose comme oubliée lorsque survint un incident curieux.

La position de député est assez belle, ne fût-ce que comme émoluments, pour faire des envieux.

M. Durand avait donc, à Lyon, plusieurs de ses bons petits camarades qui désiraient aller s'asseoir à sa place dans son fauteuil à la Chambre. Nous pourrions les nommer, mais nous ne le ferons pas.

Ces bons petits camarades interprétèrent le silence

de M. Durand comme une preuve qu'il ne pouvait se justifier et, désirant éclaircir pour eux-mêmes la situation, firent souffler à l'éditeur de la brochure Arnaud l'idée suivante :

Obliger M. Durand à parler et à fournir des pièces justificatives de ses droits d'éligible en demandant sa radiation de la liste électorale du 1er arrondissement.

L'idée parut originale à l'éditeur, et il suivit le conseil donné.

La Commission chargée d'examiner les demandes en inscription ou en radiation des listes électorales fut saisie de la demande.

Cette Commission, composée de MM. Tapissier, maire du 1er arrondissement ; Robin, banquier ; Gignoux, avocat, et Chavanne, docteur-médecin et conseiller municipal, décida, par trois voix contre une, que M. Durand n'était pas Français, par conséquent ni électeur ni éligible, et le raya de la liste électorale.

L'affaire fut portée ensuite devant le juge de paix, qui se déclara incompétent.

Puis elle vint successivement devant le Tribunal civil et devant la Cour d'appel, deux degrés de juridiction qui, tous deux, pour des motifs différents, reconnurent à M. Durand la qualité de Français, mais qui tous deux aussi affirmèrent que M. Durand n'avait satisfait à la loi du recrutement ni en France ni en Savoie.

L'éditeur eut pu en appeler encore devant la Cour de cassation, et certains le lui conseillaient.

Il a préféré en appeler simplement devant le Tribunal de l'opinion publique, et il a choisi un jour où ce Tribunal était présidé par le *Petit Lyonnais*, un président qui ne saurait être suspect à M. Durand.

Or, voici ce qu'a dit le *Petit Lyonnais* dans son numéro — nous allions dire dans son audience — du 9 avril 1877, première page, première colonne :

PREMIÈRE DÉPÊCHE

Paris, 8 avril, 9 h., soir.

On annonce que M. Rouher renonce au projet qu'il avait conçu, et dont plusieurs journaux avaient parlé, de faire une démarche afin d'obtenir l'inscription du fils de Napoléon III sur les listes électorales.

L'artilleur de Woolwich, *n'ayant pas satisfait à la loi du recrutement militaire*, NE PEUT ÊTRE CONSIDÉRÉ COMME CITOYEN

FRANÇAIS *ni, conséquemment*, PRENDRE PART A LA DIRECTION DES AFFAIRES PUBLIQUES.

Ce qui est vrai pour le fils de Napoléon III doit être vrai, à plus forte raison, pour M. Pierre Durand, car, tandis que l'ex-prince impérial a, au moins, satisfait à la loi du recrutement là où il l'a pu, c'est-à-dire en Angleterre, M. Durand, qui l'aurait pu dans deux endroits différents, ne l'a voulu nulle part et a été réfractaire partout.

L'arrêt est donc prononcé par les pairs et les amis de M. Durand et par l'organe du *Petit Lyonnais*.

M. Durand doit donner sa démission de député.

Car, comme il l'a dit lui-même au Comité de salut public en 1870 (voir page 13), « *ce n'est qu'en faussant* « *le principe de l'égalité que certaines classes de Français* « JOUISSENT DES DROITS DE CITOYEN SANS EN AVOIR « SUPPORTÉ LES CHARGES. »